Christine Richter

KUNST

EIN MITMACHBUCH FÜR KINDER

Die Jahreszeiten malen und entdecken

Arena

Inhalt

4 Frühling

6 **Zum Glück gibt's den Frühling**   **März**
  Sandro Botticelli, der Maler der Schönheiten
8 Frühlingsgesichter –
  Schminken und colorierte Zeichnung

10 **Grasfein und hasenweich**   **April**
  Albrecht Dürer, ein rechnender Maler
12 Hasenübermalung – Fotoübermalung
14 Wiesenaquarell und Blüten legen

16 **Wonnemonat Mai**   **Mai**
  Claude Monet, Maler des Lichts
18 Strukturen finden – Acrylmalerei

20 Sommer

22 **Verrückt nach Sonnengelb**   **Juni**
  Vincent van Gogh,
  berühmt erst nach seinem Tod
24 Blumen – Knittern und Sprühen

26 **Farbflecken oder Häuser?**   **Juli**
  Ein Künstlerpaar:
  Wassily Kandinsky und Gabriele Münter
28 Konturen machen Bilder –
  Expressionistische Malerei

30 **Viele Tausend Punkte**   **August**
  George Seurat, ein Maler mit Geduld
32 Pünktchen, Pünktchen … – Tupftechnik

34 Herbst

36 **Herbstmuster aus dem Farbbaukasten**   September
Paul Klee: musizieren, schreiben, malen
38 Kästchen mit dem Schwamm –
Lasurtechnik und Pastellzeichnung

40 **Das Neueste von Äpfeln und Zitronen**   Oktober
Paul Cézanne, berühmt für seine Stillleben
42 Stillleben gestalten – Wachsübermalung
und Collage

44 **Ohne Anorak und Wanderstiefel**   November
Caspar David Friedrich, ein Maler mit Herz
46 Herbstnebel in den Bergen – Pastellzeichnung

48 Winter

50 **Schneeweiß und Baumschwarz**   Dezember
Pieter Bruegel, ein genauer Beobachter
52 Winterlandschaft – Collage

54 **Buntes Eisvergnügen**   Januar
Ernst Ludwig Kirchner in Glück und Unglück
56 Klirrend kaltes Eis – Zufallstechnik mit Folie

58 **Clownsgesicht und die fünfte Jahreszeit**   Februar
Pablo Picasso: stets etwas Neues versuchen
60 Ich wäre so gerne … – Fotoübermalung

62 Techniken
63 Künstler, Farbkontraste
64 Bildnachweis

Frühling

Welche Bilder fallen dir ein, wenn du an den Frühling denkst? Zarte Schneeglöckchen, leuchtendes, junges Grün, duftende, blühende Apfelbäume, leichte Kleidung und dazu ein warmer Windhauch. Draußen herumtollen! Das bringt dir **Glücksgefühle**.

Am Morgen können wir feine **Tautropfen** entdecken, die wie Perlen auf den Gräsern und Blüten liegen in Erwartung eines warmen Tages.

Künstler sind zu allen Zeiten unterschiedliche Wege gegangen, um genau das auszudrücken. Die einen malten Figuren, die anderen die Natur oder sie nutzten nur besondere Farben, um ihr ganz eigenes Frühlingsgefühl auszudrücken. Diese speziellen Farben waren sehr hell, Lindgrün, Rosa, Zartlila, dazu das Gelb der Löwenzahnwiesen und Rapsfelder. **Kraft** gibt den Bildern ein kleiner Teil dunkle Farbe, dann fangen die Pastellfarben richtig an zu leuchten. Versuche einmal, in diesem Farbklang, im **Hell-Dunkel-Kontrast** zu malen, dann kannst du bestimmt den Frühlingswind riechen.

Verjage den Winter mit Blumen!

FRÜHLING

Zum Glück gibt's den Frühling

Sandro Botticelli, der Maler der Schönheiten

Sandro Botticelli lebte von 1445 bis 1510 in Florenz, einer der damals wichtigsten und reichsten Städte Italiens. Es war eine Zeit, die als *Renaissance* (französisch Wiedergeburt) bezeichnet wird. Der Mensch mit seinen tollen Ideen und Erfindungen stand im Mittelpunkt. In Florenz gab es eine bekannte, wohlhabende Familie, die „Medici". Sie sammelten Kunst und förderten die Künstler, so auch Sandro Botticelli. Der junge Sandro lernte nach einer Goldschmiedelehre drei Jahre bei einem der damals berühmtesten Maler. So konnte er seine Kunst des Porträtmalens lernen, für die er selbst berühmt wurde. Manche sagen: „Das ist ein Botticelli-Gesicht", wenn eine schlanke, schöne Frau ausgeglichene Gesichtszüge und volle, lange goldene Haare hat.

Sandro Botticelli,
„La Primavera" (Der Frühling),
um 1480/82, Tempera auf Holz,
203 x 314 cm.

Im Frühling trägt die Natur nach dem rauen Winter ihr schönstes Kleid. Ob daran auch der Künstler Sandro Botticelli dachte, während er den Frühling als schöne, junge Frau mit einem blütengeschmückten Kleid darstellte? Er malte das Bild vor über 500 Jahren. Rechts in diesem berühmten Gemälde verfolgt der Gott des Windes die Göttin der Pflanzen.

Alles, was Flora berührt, verwandelt sich in üppige Natur, deshalb kann die Frühlingsgöttin sich so wunderbar mit Blüten umkränzen und Blumen ausstreuen. Dann gibt es noch die Göttin der Liebe in der Bildmitte, den Amor mit dem Pfeil, tanzende junge Mädchen und einen Gott auf der linken Seite, der die dunklen Wolken wegschiebt.

Frühlingsgesichter

Schminken

Zeichne vor dem Spiegel mit Faschingsschminke Blüten und Blätter in dein Gesicht oder lasse dich bemalen.

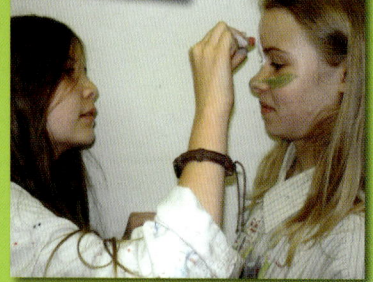

1

2

3

Colorierte Zeichnung

Was brauchst du?
Zeichenpapier, Deckfarben,
Bleistift, dicke und dünne Pinsel,
Wasserbecher.

Wie geht das?
1 Zeichne den fliegenden Engel
   und die Frühlingsfiguren mit
   einem schwarzen Stift.
2 Male sie aus, schmücke sie mit
   verschiedenen Blumen und male
   den Hintergrund mit leuchten-
   dem Grün.
3 Zeichne die Bäume auf den
   Hintergrund.

So geht es auch!

Grasfein

Albrecht Dürer,
„Das große Rasenstück",
1503, Wasser- und Deckfarben,
41 x 31,5 cm.

Frohe Ostern!

Albrecht Dürer, ein rechnender Maler

Albrecht Dürer lebte von 1471 bis 1528. Er wurde in Nürnberg als drittes von 18 Kindern geboren. Leider überlebten nur drei von ihnen. Das ist traurig. Schon als Kind zeichnete Albrecht Dürer sehr gern, viel und genau. Auf seinem ersten Selbstporträt ist er 13 Jahre alt. Hast du schon mal probiert, dich selbst zu malen?
Im Laufe seines Lebens interessierte er sich nicht nur für die farbigen Kunstwerke, sondern fertigte auch wertvolle Druckgrafiken in Schwarz-Weiß an. Außerdem beschäftigte er sich voller Leidenschaft mit der Mathematik. In der Kunstgeschichte gibt es viele Doppelbegabungen. Die Fantasie öffnet den Blick und die Neugierde auf andere Gebiete.

und hasenweich

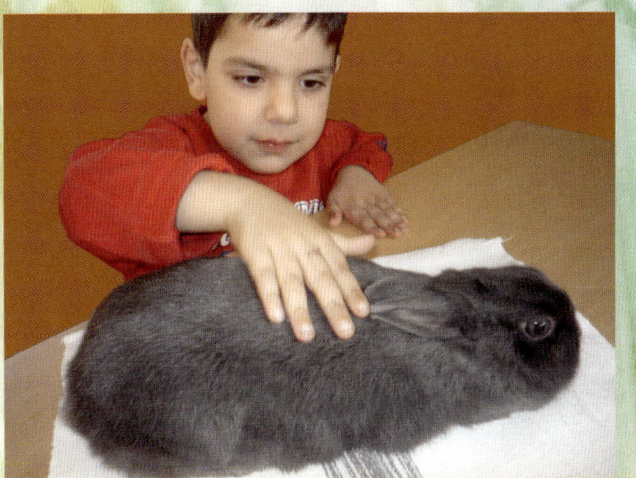

Kennst du den berühmtesten Hasen der Welt? Du denkst, es ist Hoppel, der Osterhase oder der violette aus Schokolade. Ganz gut geraten, aber es gibt noch einen, der ist viel bekannter und viel, viel älter, nämlich über 500 Jahre alt. Er stammt im Original von einem Gemälde des bedeutenden Künstlers Albrecht Dürer. Wenn du schon mal einen Hasen gestreichelt hast, weißt du, wie superweich das Fell ist. Das kann man hier wirklich sehen. Vielleicht taucht das Bild deshalb in Tausenden Schulbüchern, als Relief, als Plastik, als Comic und in Bildern anderer Künstler auf.

Albrecht Dürer malte mit Wasserfarben noch ein anderes berühmtes Aquarell, „Das große Rasenstück". Aqua heißt Wasser. In dieser Technik werden Farben mit Wasser verdünnt und mit Spitzpinseln übereinandergemalt. Es wird auch kein Deckweiß benutzt, sondern bei den hellen Stellen bleibt das Papier unbemalt oder die Farbe wird wieder aus dem dunklen Grund herausgewaschen.

Auf Dürers Rasen wachsen verschiedene Gräser, Löwenzahn, Gänseblümchen und Breitwegerich. Hast du die Wiese hinter deinem Haus schon mal genau betrachtet? Von Weitem sieht man nur Grün mit bunten Tupfen. Albrecht Dürer hat wahrscheinlich ein Stück Rasen ausgegraben.

Albrecht Dürer, „Junger Feldhase", 1502, Wasserfarben, mit Deckfarben gehöht, 25,1 x 22,6 cm.

Hasenübermalung

Was brauchst du?
Kopiermöglichkeit,
Borstenpinsel und Spitzpinsel,
Wasserfarbkasten und Wasserbecher,
Filzstifte oder Wachskreiden.

Wie geht das?

1 Kopiere den Hasen aus einem Buch, die Eltern können ihn auch im Internet finden.
2 Überlege dir Worte oder Orte, die mit Hasen zu tun haben.
3 Zeichne deine Ideen in das Bild.
4 Male das Motiv mit Wasserfarben oder Wachskreiden aus.

Tipp: Wenn du in einer Gruppe Ideen sammelst, dann macht der „Gedankensturm" Spaß. Sagt alles zum Thema, was euch dazu einfällt, ohne Wertung. Zum Beispiel: Osterhase, Eier, Hasenohren, Löffel, Hase und Igel, Hasen aus dem Zylinder zaubern, Hasenbraten, falscher Hase … All das kann zu einer ganz besonderen, erstaunlichen Gestaltung führen.

Wiesenaquarell

Aquarell

Was brauchst du?
Aquarellkarton oder Glanzpapier (z. B. Kalenderrückseiten), Wasserfarbkasten und Wasserbecher, Spitzpinsel und Borstenpinsel.

Wie geht das?
1 Mache den Untergrund nass und male mit einem Pinsel viele senkrechte, unterschiedlich grüne Striche aufs Papier.
2 Tupfe mit gelbem Pinsel Löwenzahnblüten.
3 Tunke mit dem Pinselstil in flüssige dunkle Farbe und zeichne damit.
4 Wenn du helle Stängel erhalten willst, kannst du mit einem nassen Borstenpinsel die Farbe aus dem Bild herauswischen.

1

2

3

4

Natur-Kunst:
Blumen ordnen

Einige Künstler haben seit den 1960er Jahren mit vergänglichen Objekten in der Natur Kunstwerke geschaffen, die absichtlich nie in einem Museum gezeigt werden sollen.

und Blüten legen

Was brauchst du?
Sammle in der Natur, was dir gefällt, Steine, Blätter, Blüten, Äste.

Wie geht das?
Probiere mit dem Naturmaterial, Muster und Formen wie eckig und rund, negativ – positiv zu legen oder alles nach Farben zu sortieren.

Mai

„Im wunderschönen Monat Mai
Als alle Knospen sprangen,
Da ist in meinem Herzen
Die Liebe aufgegangen …",

dichtete schon Heinrich Heine.

Wonnemonat Mai

Der Mai wird seit uralter Zeit als Wonne-, Liebes- und Blumenmonat bezeichnet. Das Auge trinkt sich an den Farben der Natur satt. Bis zum Horizont reicht das Gelb der Rapsfelder, das saftige Grün der Wiesen, die gelben Tupfen des Löwenzahns und Ende Mai das leuchtende Rot der Mohnblüten. Wer das genießen kann, ist ausgefüllt mit Licht, Farben und Sonne. In der Kunst gab es eine Zeit, in der die Maler versuchten, genau diese Gefühle deutlich zu machen. Die Kunstrichtung wird als „Impressionismus" (französisch *impression* – Eindruck) bezeichnet. Die Künstler malten in der Natur und versuchten, mit flüchtigen Pinselstrichen die Wirkung des Lichts einzufangen. Einer von ihnen hieß Claude Monet. Auf seinem Bild sehen wir den Spaziergang durch ein Mohnblumenfeld. Die Sonne hat sich gerade hinter den flauschigen Wolken versteckt, deshalb ist das Grün etwas matter, als wir es vom Frühling kennen. Nur das Rot der Mohnblumen leuchtet glühend hervor.

Claude Monet, „Les Coquelicots à Argenteuil"
(Mohnfeld bei Argenteuil), 1873, Ausschnitt,
Öl auf Leinwand, 50 x 65 cm.

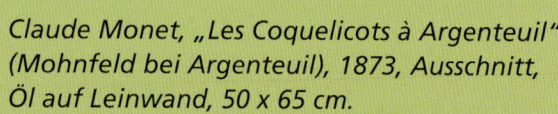

Claude Monet, Maler des Lichts

Claude Monet ist ein französischer Maler, der von 1840 bis 1926 lebte. Als Kind zeichnete er sehr gern und war bereits mit 15 Jahren als ein Zeichner bekannt, der Menschen treffend und witzig darstellen konnte. Als er später begann, in der Natur zu malen, fanden die Leute seine flüchtigen Farbflecken zu ungenau und verspotteten ihn. Claude Monet lebte in großer Geldnot und nutzte zum Beispiel ein Boot als Atelier. Erst am Ende seines Lebens erfuhr er Anerkennung. Besonders berühmt sind seine Seerosenbilder, die er in unterschiedlichen Lichtstimmungen immer wieder malte.

Strukturen finden

Acrylmalerei

Was brauchst du?
Zeichenkarton,
Acryl- oder andere Deckfarben,
Borstenpinsel,
Wasserbecher.

Wie geht das?
1 Male den Himmel mit wilden, waagerechten Pinselstrichen in Blau-Weiß.
2 Male das Feld mit kurzen, senkrechten Strichen in Gelb und Orange, die Büsche und die Wiese mit waagerechten Strichen.
3 Tupfe mit einem schmalen Pinsel die Blumen an den Feldrand.
4 Male zum Schluss die Figuren.

Wasser ist ein geheimnisvolles Element – es gibt uns Leben, es wandelt sich und fließt. An heißen Sommertagen schätzen wir das Wasser in seiner flüssigen Form am meisten. Es löscht unseren Durst und wir wissen, dass unser Körper zum großen Teil nur aus Wasser besteht. Wir genießen es, in der Mittagshitze in einer Wanne, im See oder Meer zu planschen und zu baden.

In der Kunst haben sich die Künstler mit den Farb- und Lichtwirkungen von Luft, Wasser und Erde intensiv beschäftigt. Sie verglichen **Blau** mit Ruhe, Unendlichkeit, dem Himmel, der Kreisform und sogar mit Musikinstrumenten wie Flöte oder Cello. **Gelb** war für sie warm bis aufdringlich, spitz wie ein Dreieck oder grell wie ein hoher Trompetenton.

Der Kontrast aus den leuchtenden Grundfarben heißt „Farbe-an-sich-Kontrast".
Die Farben, die im Farbkreis bzw. Farbsechseck gegenüberstehen, werden **Komplementärfarben** genannt, z. B. Rot und Grün, Blau und Orange oder Gelb und Violett. Was passiert, wenn diese Farben als kleine Punkte nebeneinandergetupft werden? Probiere das selbst einmal aus!

Sprühe vor Sommerglück!

SOMMER

Verrückt nach Sonnengelb

Manchmal ist es schön, wenn man verrückt sein darf. Herumtoben, laut sein! Verrückt vor Freude! Was passiert aber, wenn ein Mensch durch ein seelisches Leiden aus seiner inneren Mitte herausgerückt ist?

Der Maler Vincent van Gogh war davon betroffen. Auf der einen Seite hatte seine Krankheit etwas Gutes, denn er malte wie besessen ein Bild nach dem anderen. Blumen, Landschaften, einfache Menschen, Stillleben oder Häuser mit dick aufgetragenen Farben in leuchtenden Tönen! Auf der anderen Seite war er oft unglücklich, schnitt sich nach einem Streit mit seinem Malerfreund ein Stück Ohr ab und lebte letztendlich in einer Nervenklinik. Doch auch dort klammerte er sich an seine Arbeit.

Seine Bilder von Sonnenblumen wurden besonders bekannt. Er quetschte die Farben direkt aus der Tube auf die Leinwand. Van Gogh schrieb in einem Brief: „... weiter nichts als lauter große Sonnenblumen ... Ich arbeite jeden Morgen von Sonnenaufgang an. Denn die Blumen verwelken schnell, und das Ganze muss in einem Zug gemalt werden."

Vincent van Gogh, berühmt erst nach seinem Tod

Vincent van Gogh wurde 1853 in den Niederlanden geboren und starb mit nur 37 Jahren in Frankreich. Er war ein tiefsinniger Eigenbrötler, der sich nach Liebe, Anerkennung und Echtheit sehnte. Nach verschiedenen beruflichen Versuchen als Bilderverkäufer, Buchhändler oder Hilfsprediger wandte er sich der Malerei zu. Die Beschäftigung mit der Kunst klappte aber nur, weil sein jüngerer Bruder Theo ihn finanziell unterstützte. Nach Vincents Tod schnellten die Preise für seine Gemälde nach oben. Zu Lebzeiten hatte er nur ein einziges Bild verkauft. Inzwischen gibt es viele Bücher, Filme und sogar Musikstücke, die sich mit seinem tragischen Schicksal beschäftigen.

Die Serie der Sonnenblumen malte er allerdings in einer Hochstimmung. Die Farbe Gelb war für ihn genau wie die Sonne ein Sinnbild des Lebens.

Vincent van Gogh, „Vase mit Sonnenblumen"
(Zwölf Sonnenblumen in einer Vase),
Arles, August 1888, Öl auf Leinwand, 91 x 72 cm.

1   2   3

So geht es auch!

Blumen – Knittern und Sprühen

Was brauchst du?
Zeichenpapier,
Acrylspraydosen in Gelb, Grün und Schwarz,
Pastellkreide.

Wie geht das?
1 Zerknülle das Papier grob und besprühe
   die Knicke seitlich mit Gelb und Grün.
   Falte das Papier wieder auseinander.
2 Sprühe schwarze Punkte in die gelben
   Flächen.
3 Zeichne mit bunten Kreiden die Blumen,
   lasse dich durch die gesprühten Formen
   anregen.

Farbflecken oder Häuser?

Stell dir vor, du liegst in deinen Sommerferien auf einer Wiese. Bienen summen, Grillen zirpen, es ist heiß und die Luft flirrend und voller Blütenduft. Vor deinen schläfrigen Augen verschwimmen plötzlich die Farben. Du fühlst die Welt tief im Inneren, obwohl sich die Formen auflösen. So ähnlich kannst du dir den Weg zur Abstraktion vorstellen. Abstrakt (lateinisch *abstractus*) heißt abgezogen, entfernt und bedeutet, dass Einzelheiten weggelassen werden. So entsteht etwas Allgemeines oder Einfacheres. „Blauer Reiter" nannte sich eine Künstlergemeinschaft, die Anfang des 20. Jahrhunderts etwas völlig Neues probierte. Die Kunstrichtung wird als Expressionismus (lateinisch *esspressio* – Ausdruck) bezeichnet. Das Künstlerpaar Wassily Kandinsky und Gabriele Münter gehörte dazu. Zuerst malten die beiden direkt vor der Natur. Im Laufe der Zeit wurden die Farben immer bunter, die Formen einfacher, doch der Ausdruck, das für sie Wesentliche, wurde immer größer. Schließlich verschwanden die Gegenstände ganz aus ihren Bildern oder wurden nur noch angedeutet.

Wassily Kandinsky, „Murnau mit Kirche I", Sommer 1910, Öl und Aquarell auf Pappe, 64,9 x 50,2 cm.

Wassily Kandinsky malte den Turm der Kirche wie eine Nuckelflasche. Im Vordergrund können wir Blumen entdecken. Senkrechte Striche und grüne Kugeln deuten Bäume an, rote Flecken werden zu Hausdächern.

Gabriele Münter, „Staffelsee mit Nebelsonne",
um 1930, Hinterglasmalerei, 20 x 28 cm.

Ein Künstlerpaar

Wassily Kandinsky

Wassily Kandinsky wurde 1866 in Russland geboren, wo er Jura studierte. Mit 30 Jahren zog er nach Deutschland und begann ein Kunststudium in München. Dort lernte er Gabriele Münter kennen, die zuerst seine Malschülerin und später seine Lebenspartnerin wurde. Von Kandinsky gibt es eine Überlieferung. Er entdeckte, dass ein auf dem Kopf stehendes Bild viel interessanter aussah als umgedreht. Kandinsky starb 1944 in Frankreich.

Gabriele Münter

Gabriele Münter kam 1877 in Berlin zur Welt. Sie war von 1902 bis 1914 mit Wassily Kandinsky verbunden. Sie behielt all seine Bilder, die in ihrer gemeinsamen Zeit entstanden waren, konnte sie auf diese Weise über die Kriegswirren retten und später der Stadt München schenken. Sie selbst hatte einen besonderen Malstil mit kühnen, farbenfrohen Pinselstrichen und schwarzen Konturen. Gabriele Münter wurde 85 Jahre alt.

Expressionistische Malerei

Was brauchst du?
Zeichenpapier,
Borstenpinsel,
Acryl- oder andere Deck-
farben und Wasserbecher.

Wie geht das?
1 Male mit breitem Pinsel
   verschiedene bunte
   Flecken nebeneinander.
   Umrande die Flecken mit
   dünnem Pinsel und
   schwarzer Farbe.
2 Versuche, Häuser, Tiere
   usw. zu entdecken,
   und vollende das Bild.

Konturen machen Bilder

1

2

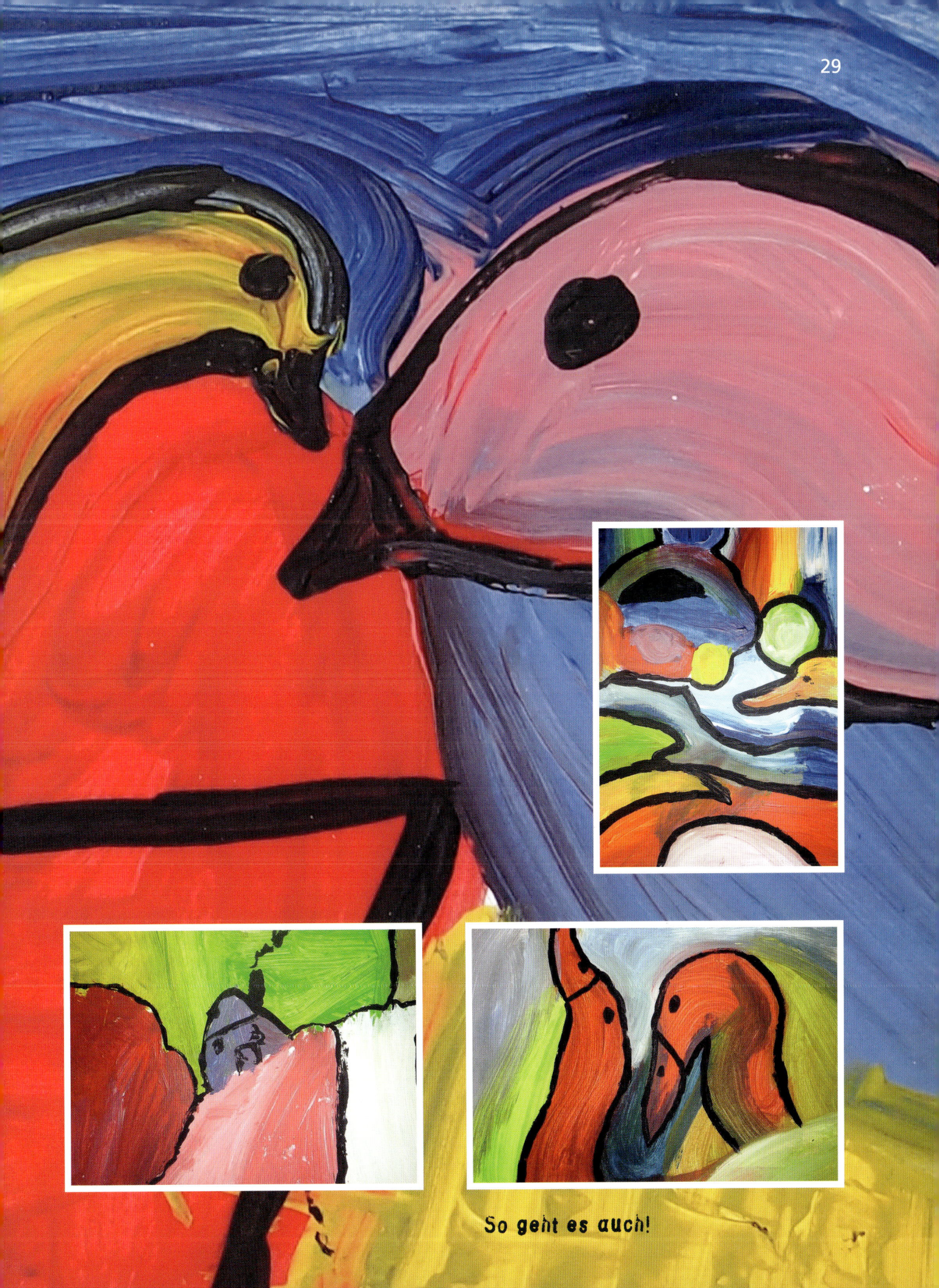

So geht es auch!

Viele Tausend Punkte

Pünktlich, auf den Punkt gebracht, ohne Punkt und Komma! Viele Redewendungen beschäftigen sich mit der kleinsten grafischen Form, dem Punkt. Punkte nebeneinander ergeben Linien, Linien erzeugen Flächen und Flächen den Raum. Der Punkt ist der Ursprung jeder Gestaltung. Dafür interessierte sich der Künstler George Seurat.

Es gibt Maler, die leidenschaftlich und ungestüm arbeiten. Andere überlegen lange, bevor sie die ersten Spuren auf der unberührten Fläche hinterlassen. George Seurat gehört zu den letzteren. Ganz unterschiedliche Farben mischen sich auf diesem Bild im Auge des Betrachters zu neuen Tönen. Aus der Nähe sehen wir nur Tausende flirrende Pünktchen. Erst von Weitem betrachtet verschmelzen sie miteinander und bilden klare Formen.

Genauso funktionieren übrigens die winzig kleinen Pünktchen eines Fernsehbildes.

Auf jeden Fall brauchte George Seurat für seine metergroßen Bilder in Punktmanier unendliche Geduld, Zeit und Gelassenheit.

Auch dieses Badebild strahlt Ruhe aus. Wenn wir im Sommer schwimmen gehen, ist es manchmal so heiß, dass wir nur schläfrig am Strand liegen und uns im kühlen Nass bloß abkühlen wollen.

George Seurat, „Baigneurs à Asnières" (Badende in Asnières), 1884, Öl auf Leinwand, 20,1 x 30 cm.

George Seurat, ein Maler mit Geduld

Der französische Maler George Seurat lebte von 1859 bis 1891. Seine Malweise wird als Pointillismus (französisch *point* – Punkt) bezeichnet. Viele seiner Skizzen geben nur die grobe Form ohne Gesichtsausdruck wieder. Im Atelier ordnete er seine Entwürfe dann auf seinen Gemälden wie auf einem Bühnenbild an. Er brauchte monatelang, um ein großes Bild fertigzustellen. Streng richtete er sich dabei nach seinen Erkenntnissen aus der Farblehre. So setzte er z. B. bewusst Farben im Komplementärkontrast (wie Rot und Grün) nebeneinander und probierte die Farbwirkung aus.

Pünktchen, Pünktchen ...

1

2

Tupftechnik

Was brauchst du?
Zeichenkarton,
Wasserfarbkasten und
Wasserbecher,
Wattestäbchen,
Bleistift.

Wie geht das?
1 Zeichne mit Bleistift eine
   Landschaft mit Wasser,
   Himmel, Badenden, Ball und
   Tieren grob vor.
2 Tupfe die Motive mit
   Wattestäbchen und
   kräftigen Farben aus.

Tipp: Tupfe unterschiedliche
Farben dicht nebeneinander.
Das Auge zieht sie zusammen.

So geht es los!

Im Herbst regnet es oft aus dunklen **Wolken**. Es macht Spaß, mit Schirm und Regenjacke durch die feuchte Natur zu laufen. Und es ist toll, nach dem Kindergarten oder der Schule mit Gummistiefeln durch die **Pfützen** zu stapfen.

Genauso freuen sich die Menschen über einen sonnigen Herbsttag. Das Laub verfärbt sich und die Bäume sehen aus wie in bunte Farbeimer getaucht. Die Blätter fallen sanft oder tanzen mit dem Wind. Über allem liegt ein Hauch von Abschied oder Ruhe.

Auch die Künstler wollten die Natur nicht nur abbilden, sondern dem Herbstgefühl einen tieferen Sinn geben. Ein Felsen im Bild ist vielleicht das Fundament, auf dem wir stehen. Die Ferne bedeutet die neue, bessere Zukunft. Der **Hell-Dunkel-Kontrast** zeigt den Wechsel zwischen Hoffnung und Traurigkeit! Und ein Mensch in Rückenansicht sollst du selbst sein. Andere Künstler malten **Ton in Ton,** um den Herbst einzufangen. Sie wählten Braun, Ocker, Orange oder Dunkelrot. In ihrer Fantasie konnten die Betrachter den Herbstwind hören, die bunten Blätter sehen oder im Wald die Pilze riechen.

Springe mit dem Herbstwind!

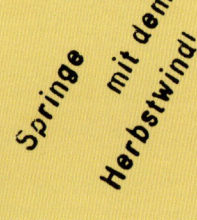

HERBST

Herbstmuster aus dem Farbbaukasten

Wenn du Wolken beobachtest, entdeckst du manchmal Tiere oder eigenartige Figuren. Sogar in den Strukturen von Rinde oder den Mustern von Fliesen sind sie versteckt.

Der Künstler Paul Klee war ein richtiger Musterzauberer. Seine Bilder sahen oft wie ein bunter Baukasten aus. Dabei malte er die Vierecke, Striche, Kreise, Dreiecke oder Pünktchen mit leuchtenden Wasserfarben.

Welche Farben passen zum Herbst? Nur durch bestimmte Farbklänge erzählen die Muster von glühender Sonne, Blumen, Traurigkeit, Lebensfreude, Musik oder eben vom Herbst, wie in unserem Beispiel. Ein Kreis mit einem Strich wurde auf vielen seiner Bilder ein Baum, ein Viereck mit Dreieck ein Haus oder viele Vierecke ließen ein ganzes Dorf erahnen.

Paul Klee, „Bergdorf (herbstlich)", 1934, Ölfarbe auf Grundierung auf Leinwand auf Holz, 71,5 x 54,4 cm.

Paul Klee: musizieren, schreiben, malen

Paul Klee wurde 1879 in der Schweiz geboren und starb dort 1940. Sein Vater wollte, dass er Musiker wird. Später konnte Paul Klee mit seinem Geigenspiel sogar Geld verdienen und war mit einer Sängerin verheiratet. Die Musik prägte sein ganzes Leben. Auch das Dichten machte ihm Spaß. Trotzdem entschied er sich schließlich für die Malerei. Vielleicht gestaltest du auch einmal ein Bild und schreibst eine Geschichte dazu, malst nach Musik oder tanzt wie ein Stift. Paul Klee zeichnete als junger Mann ganz genau mit feinen Strichen. Es gibt von ihm Tausende schwarz-weiße Bilder, sogenannte Grafiken. Diese Bezeichnung ist von dem griechischen Wort „graphein" abgeleitet, was eigentlich „schreiben" bedeutet. Es sind also mit der Hand „geschriebene", gezeichnete Bilder.

Bei einer Afrikareise überwältigten ihn aber auch das gleißende Licht und die üppigen Farben. Er sagte: „Die Farbe hat mich … Ich und die Farbe sind eins. Ich bin Maler."

Lasurtechnik und Pastellzeichnung

Was brauchst du?
Zeichenkarton,
kleine, viereckige Schwämme,
flüssige Farbe (z. B. verdünnte farbige Tinten),
Pastellkreide.

So geht es auch!

Kästchen mit dem Schwamm

Wie geht das?

1 Tunke mit dem Schwamm in die flüssige Farbe und ziehe die unterschiedlichen Farben in kleinen Vierecken aufs Papier.

2 Wische mit dem gelben Schwamm teilweise über ein rotes Kästchen, so entsteht Orange.

3 Mische so auch andere Farben miteinander.

4 Lasse das Bild trocknen und zeichne danach mit Pastellkreiden kleine Häuser, Fenster oder Autos auf das Kästchenbild.

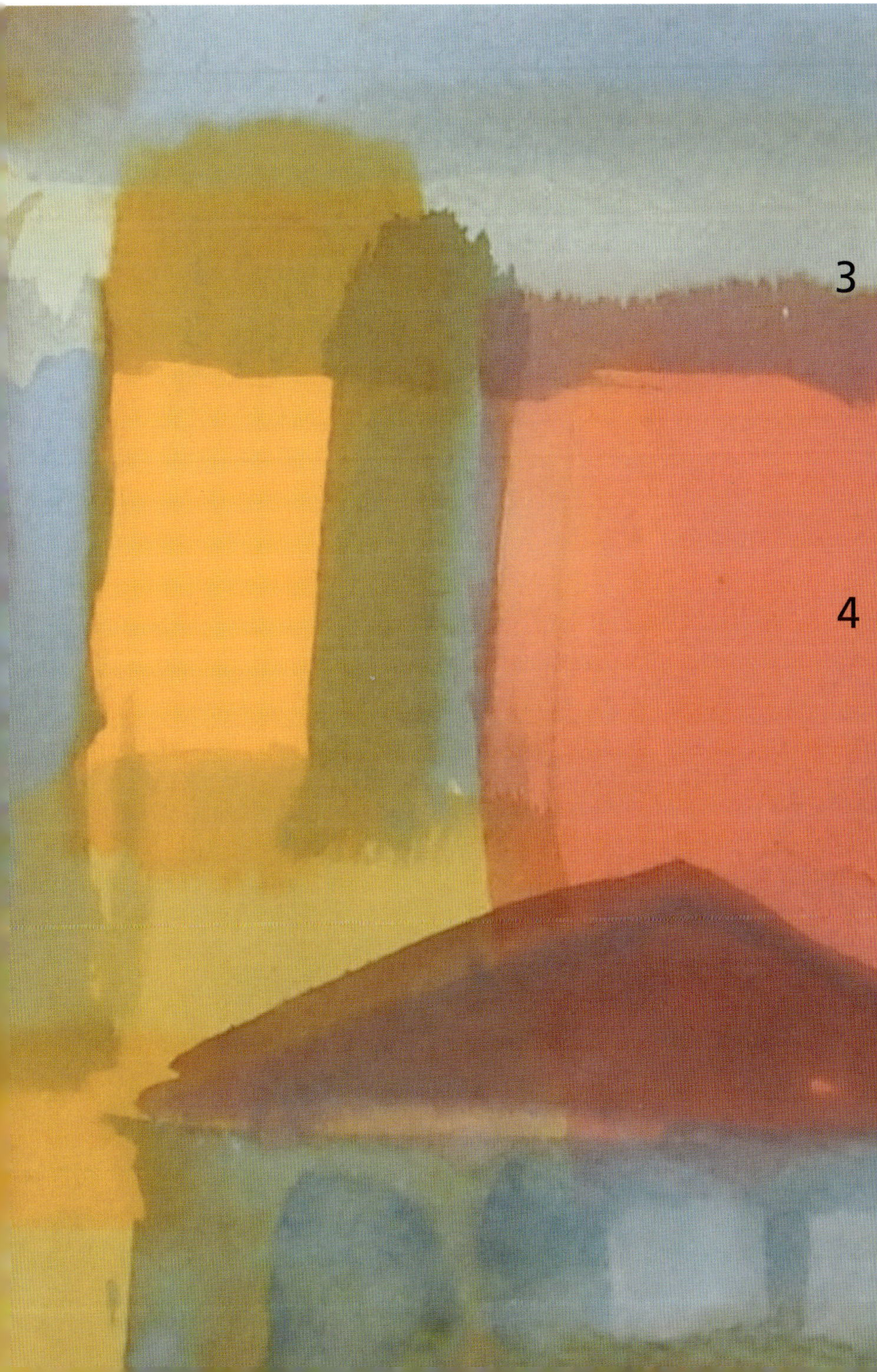

Oktober

Das Neueste von Äpfeln und Zitronen

Herbstzeit ist Erntezeit. Bevor sich die Natur auf den Winterschlaf vorbereitet, zeigt sie sich in ganzer Pracht. Äpfel, Birnen und Weintrauben werden geerntet. Viele Kinder lieben den Herbst, springen übermütig inmitten der tanzenden Blätter herum oder helfen, die Früchte zu pflücken. Obst in einer Schale sieht nicht nur schön aus, sondern schmeckt genauso gut.

Stillleben gehörten auch zu den Lieblingsbildthemen von Paul Cézanne, einem französischen Maler. Da er im warmen Süden lebte, gab es dort sogar Zitronenbäume. Auf seinem Gemälde liegt eine Zitrone neben Äpfeln auf einem einfachen Holztisch, als hätte er sie gerade dort abgelegt, nachdem er sie im Garten gepflückt hat.

In der Kirche feiern wir jetzt das Erntedankfest und für die Kinder gibt es Halloween!

Paul Cézanne, „Nature morte: pot à lait et fruits sur une table"
(Stillleben mit Milchkrug und Früchten auf einem Tisch), um 1890,
Öl auf Leinwand, 59,5 x 72,5 cm.

Paul Cézanne, berühmt für seine Stillleben

Paul Cézanne lebte von 1839 bis 1906. Seine Kindheit war seine schönste Zeit, denn er hatte gute Freunde. Einer hieß Émile Zola, der später ein berühmter Schriftsteller wurde. Sie dichteten gemeinsam und malten gern. Pauls Vater war sehr streng und wollte, dass sein Sohn später seine Bankgeschäfte übernimmt. Als er sein Studium abgebrochen hatte, erlaubte der Vater letztendlich, dass sich Paul beruflich mit der Kunst beschäftigt. Außer Stillleben stellte er oft Badende, eine Gebirgslandschaft in seiner Heimat und seine Frau dar. Sein Malstil hat sich im Laufe des Lebens geändert. Erst malte er sehr dunkel, dann hell mit groben Pinselstrichen, später schuf er viele Aquarelle.

Stillleben gestalten

1

Wachsübermalung

Was brauchst du?
Zeichenkarton,
Wachskreide,
Farbkasten und Wasserglas,
weiche Pinsel.

Wie geht das?
1 Ordne ein Früchtestillleben an.
2 Zeichne das Stillleben mit
   schwarzem Wachsmalstift ab.
3 Male es teilweise mit bunten
   Wachsmalkreiden aus.
4 Übermale das Bild mit Wasserfarben,
   um Hintergrund und Schatten zu
   gestalten.

2

3

4

So geht es auch!

Collage

Du kannst das Stillleben auch als Collage anfertigen. Bei einer Collage (französisch *coller* – kleben) werden verschiedene farbige Schnipsel und Materialien aufgeklebt, bis etwas völlig Neues entsteht.
Du siehst es in unserem Beispiel.

Ohne Anorak und Wanderstiefel

Im Gebirge brauchst du passende Kleidung, Stöcke und einen Rucksack. Wasserflasche nicht vergessen! Das weiß doch jedes Kind. Was macht das Klettern auf einen Berg eigentlich so lohnenswert? Es ist doch meistens anstrengend. Du sagst: „Der Rundblick!" Richtig! Wer Sorgen hat, empfindet sie plötzlich als so klein wie die winzigen Häuser im Tal. Was wird den Mann auf dem Gemälde von Caspar David Friedrich nach oben getrieben haben? Warum trägt er keine Wanderkleidung?

Der Künstler zeigt einen Menschen, der sich zeitig auf den Weg gemacht hat, um vielleicht den Sonnenaufgang zu erleben. Er kommt sich klein und unbedeutend angesichts der Größe der gewaltigen Landschaft vor. Der gefährliche Abgrund ist noch durch Nebelschwaden verborgen.

Caspar David Friedrich, ein Maler mit Herz

Caspar David Friedrich wurde 1774 in Greifswald geboren und starb 1840 in Dresden. Er hatte noch neun Geschwister. Als Caspar David 13 Jahre alt war, brach er ins Eis ein und sein jüngerer Bruder kam bei seiner Rettung ums Leben. Auch vier weitere Geschwister starben sehr zeitig. Außerdem verloren sie während ihrer Kindheit noch die Mutter. Es war eine Zeit, in der durch Hunger, Krankheiten oder Unglücksfälle viel Traurigkeit in den Familien herrschte.

Als Caspar David später Künstler wurde, fühlte er sich durch das Thema Tod und seine Bewältigung durch den Glauben an Gott sehr angezogen. Er wurde der bedeutendste Maler der frühen Romantik. In Texten und Gemälden wollten die Künstler ganz von sich selbst, ihren Empfindungen und der Leidenschaft für die Dinge der Welt berichten. Friedrich sagte einmal: „Die einzig wahre Quelle der Kunst ist unser Herz."

Caspar David Friedrich, „Der Wanderer über dem Nebelmeer", um 1818, Öl auf Leinwand, 74,8 x 94,8 cm.

Herbstnebel
in den Bergen

1
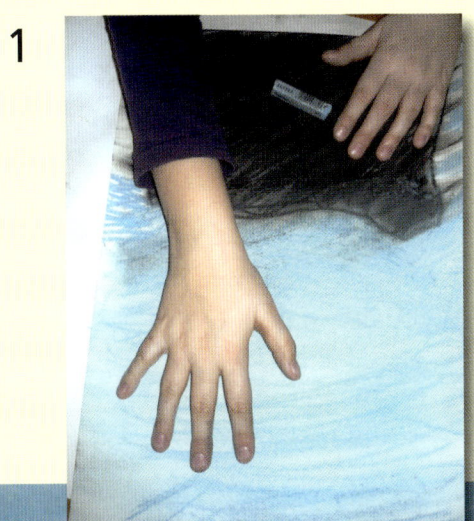

2
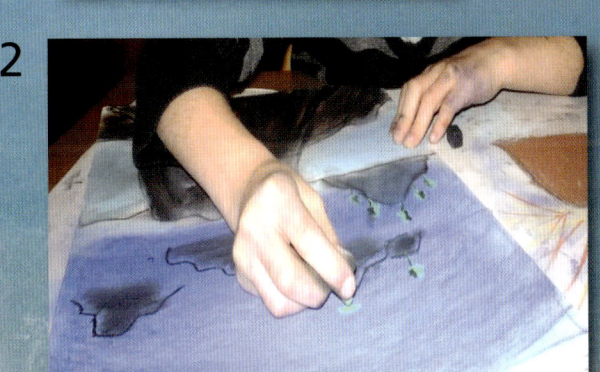

3

Pastellzeichnung

Was brauchst du?
Zeichenpapier, Pastellkreide, Haarlack.

Wie geht das?
1. Benutze die blaue Kreide mit der Breitseite für den Himmel und verwische sie waagerecht mit der Hand. Zeichne Berge mit dunklen Farben und verwische sie.
2. Zeichne die Wanderer, Bäume usw.
3. Nimm weiße Pastellkreide für den Nebel, verwische sie und sprühe das Bild mit Haarlack ein, damit es haltbar wird.

Der Frost im Winter bringt **Schnee** und **Eis**. Das Wasser zeigt sich in jeder Jahreszeit völlig anders und man kann es kaum glauben, dass das feste und starre Eis zwischen den Händen zerrinnt. Wie schön es ist, die leise und sanft fallenden Schneeflocken am abendlichen Fenster zu beobachten. Jeder Schneestern und jeder Eiskristall sind einmalig. Auf den Pfützen und Seen bilden sich nun Eisschollen. Zeit zum Schlittschuhlaufen!

Du denkst, den Winter zu malen sei leicht. Alles ist weiß mit etwas **Blau** oder **Grau**, vielleicht ein Schneemann, dazu ein paar wirbelnde Flocken – fertig! Stimmt aber nicht!

Schnee glitzert in der Sonne und wirkt im Schatten grau oder blau, je nach Umgebung. Kahle Bäume ragen **schwarz** in den Himmel. Tausende Äste und Zweige sind deutlich zu erkennen und sogar die aufgeplusterten Vögel, die darauf hocken.

Durch den hellen Schnee gibt es eine sehr gute Fernsicht und wir sehen ganz weit weg winzig kleine Menschen oder Häuser. Das zu malen ist doch schwieriger als geglaubt!

Erkennst du den Schnee-Engel?

Winter

WINTER

Dezember

Schneeweiß und Baumschwarz

Der erste Maler, der seine naturgetreuen Beobachtungen an einem ganz normalen Wintertag darstellte, hieß Pieter Bruegel der Ältere. Wieso „der Ältere"? Gab es auch einen Jüngeren? Ja, sogar mehrere und alle waren Maler. Genaue Abbildungen von Bauern und anderen Dorfbewohnern beim Schlittschuhlaufen, am Feuer oder bei der Heimkehr von der Jagd waren damals völlig neu. Deshalb wurde Pieter Bruegel auch „Bauern-Bruegel" genannt. Andere bezeichneten ihn als „Bruegel de Drol" (der Drollige). Was meinst du, warum?

Das Bild von den Jägern im Schnee malte er in einer Serie zum Thema Jahreszeiten. Ein reicher Kunstsammler erteilte ihm wahrscheinlich den Auftrag. Die anderen Bilder heißen: Der düstere Tag, Die Heuernte, Die Kornernte und Die Heimkehr der Herde.

Im Dezember feiern wir Nikolaus, Advent und Weihnachten!

Pieter Bruegel d. Ä., „Die Heimkehr der Jäger",
1565, auf Eichenholz, 117 x 162 cm.

Pieter Bruegel, ein genauer Beobachter

Das genaue Geburtsjahr von Pieter Bruegel ist nicht bekannt. Vermutlich wurde er zwischen 1525 und 1530 in Flandern, einer Region im heutigen Belgien, geboren. Er starb 1569 in Brüssel. Pieter Bruegel hatte einen besonderen Malstil. Er beobachtete ganz genau und stellte die einfachen Menschen mit ihren Ideen und Gefühlen dar. Das verband ihn auch mit Wissenschaftlern und anderen Künstlern seiner Zeit, der „Renaissance".

1

Winterlandschaft

2

Collage

Was brauchst du?
Zeichenkarton und kleineres Zeichenpapier,
Acrylfarben oder andere Deckfarben,
Wasserfarbkasten und Wasserglas,
Borstenpinsel für den Untergrund,
Spitzpinsel für die Einzelteile,
Klebstoff,
Schere.

Wie geht das?
1 Male eine Winterlandschaft mit Bergen und
einem zugefrorenen See.
2 Male verschiedene kahle Bäume, Hunde, Figuren,
Vögel, Eisläufer in verschiedenen Größen
auf andere Zeichenpapiere.
3 Schneide die unterschiedlichen Teile aus
und klebe sie auf
die Winterlandschaft.

3

Buntes Eisvergnügen

Ernst Ludwig Kirchner in Glück und Unglück

Ernst Ludwig Kirchner lebte von 1880 bis 1938 und war ein deutscher Maler des Expressionismus. Von dieser Ausdrucksmalerei mit den bunten Farben hast du schon auf Seite 26 erfahren. Er studierte Architektur, wollte aber lieber Künstler werden. Zusammen mit anderen jungen Männern gründete er die Künstlergemeinschaft „Brücke". Am liebsten malten sie ein damals neunjähriges Mädchen, „Fränzi". Von ihr gibt es viele berühmte Bilder. Dann kam der Erste Weltkrieg mit seinen schrecklichen Erlebnissen. Kirchner entwickelte sich zu einem schwierigen Menschen. Er vertraute keinem Kritiker und schrieb unter falschem Namen über seine eigenen Bilder. (Das wäre so, als wenn du dir nette Briefe schreibst, weil kein anderer auf die Idee kommt.)
Im Zweiten Weltkrieg wurden seine Bilder auf die Liste der „entarteten Kunst" gesetzt und durften nicht mehr ausgestellt werden. Kirchner war darüber so unglücklich, dass er sich im Alter von 58 Jahren das Leben nahm. Inzwischen sind seine Werke so begehrt, dass sie für viele Millionen Euro verkauft wurden.

Ernst Ludwig Kirchner, „Schlittschuhläufer",
1924/25, Öl auf Leinwand, 125 x 168,5 cm.

Rot gefrorene Nasen und kalte Füße, das kann Winter sein. Aber er bringt auch viel Spaß bei Sportarten, die es nur in dieser Jahreszeit gibt: Eislaufen, Rodeln oder Skilaufen.

Das farbenfrohe Bild mit den Schlittschuhläufern stammt von Ernst Ludwig Kirchner. Fünf Personen tummeln sich auf der Eisfläche. Alle tragen stark farbige Kleidung, der Mann sogar einen roten Anzug. Durch die grüne Umrahmung leuchtet die Farbe besonders schön. Die Frau gegenüber im blaugrünen Rock scheint seine Sportpartnerin zu sein. Beide sind ernsthaft bemüht, ihre Bewegungen genau auszuführen. Sind sie schon blau im Gesicht vor Kälte oder sind das die Schatten, die so die Farbwirkung des Bildes steigern?

1   2   3   4

Zufallstechnik mit Folie

Was brauchst du?
Glanzpapier (z. B. Kalenderrückseiten),
durchsichtige Haushaltsfolie,
Wasserfarbkasten und Wasserglas,
Spitzpinsel,
schwarzer Filzstift.

Wie geht das?
1 Mache das Glanzpapier nass und färbe es mit
   Grün- und Blautönen ein.
2 Lege die Folie auf das bemalte Papier und
   verziehe sie zu Strukturen.
   Lasse das Papier mit der Folie trocknen, nimm dann
   die Folie ab.
3 Zeichne mit Filzstift oder dünnem Pinsel Eisläufer.
4 Male die Eisläufer aus.

Klirrend kaltes Eis

So geht es auch!

Clownsgesicht und die fünfte Jahreszeit

Der Karneval: Helau, Alaaf und Narri, Narro!

Eine fünfte Jahreszeit – gibt es die überhaupt? Normalerweise bestimmen die vier Jahreszeiten das Lebensgefühl der Menschen. Im Frühling das Erwachen der Natur! Im Sommer die pralle Sonne! Im Herbst die üppigen Farben, aber auch die Vergänglichkeit! Im Winter die Kälte draußen und Wärme drinnen!

Und was ist mit dem Faschingstrubel gegen Ende des Winters? In vielen Gegenden werden die Wochen, in denen Karneval gefeiert wird, als fünfte Jahreszeit bezeichnet. Sie begeistert die Menschen und lockt sie in Fastnachtskostümen auf die Straße, um den Winter zu vertreiben. Eine beliebte Figur ist der Clown, der Quatsch machen und alles sagen darf. Auf der Bühne wird er auch Harlekin genannt und ist in vielen Kunstwerken als trauriger Spaßmacher dargestellt. Warum wohl? Der spanische Maler Pablo Picasso hat seinen Sohn Paolo als Harlekin gemalt. Das Kind wirkt liebevoll beobachtet. Sein ernstes Gesicht und die Kleidung sind ganz genau gemalt, nur bei den Füßen ist die Vorzeichnung noch zu sehen.

Pablo Picasso: stets etwas Neues versuchen

Pablo Picasso wurde 1881 in Spanien geboren und wurde sehr alt. Noch mit über 90 Jahren war er als Künstler tätig. In dieser langen Zeit entstanden unzählige Kunstwerke. Vermutlich hat er insgesamt über 20 000 Gemälde, Grafiken und Plastiken geschaffen.

Zu seinen Lebzeiten wurden zwei Museen ausschließlich mit seinen Werken eingerichtet, eine solche Ehre erfuhr kein anderer Künstler. Picasso probierte alles Mögliche aus. Er hatte eine rosa und eine blaue Phase, fertigte Klebebilder, Keramiken und verrückte Plastiken an oder malte alles ganz schief und eckig. Manchmal waren die Betrachter entsetzt, manchmal entzückt. Gerne malte er Frauen, Kinder, Stiere, Gaukler, Seiltänzer und eben auch Harlekine. Die Figur des Harlekins interessierte ihn deshalb so sehr, weil er sich als Künstler selbst wie ein Darsteller auf der Bühne des Lebens sah.

Pablo Picasso, „Paolo als Harlekin", 1924, Öl auf Leinwand, 130 x 97,5 cm.

Ich wäre
so gerne ...

ein Clown

ein vierarmiger Teufel

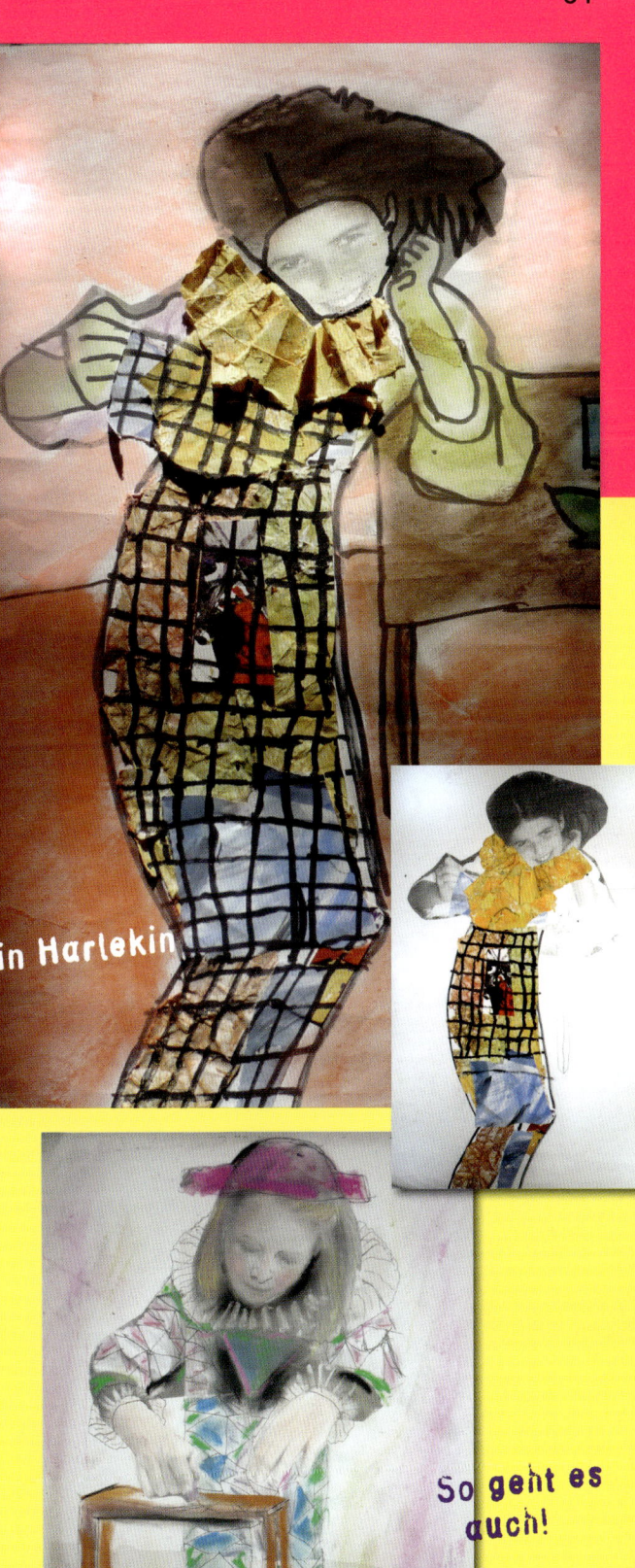

ein Harlekin

Fotoübermalung

Was brauchst du?
Dein kopiertes Foto,
Zeichenpapier, Klebestift,
Wasserfarbkasten und Wasserglas,
Pinsel, Filzstift, Pastellkreiden.

Wie geht das?
1 Klebe dein kopiertes Foto auf
  Zeichenkarton und zeichne dich
  in einem Faschingskostüm
  weiter.
2 Male die Zeichnung mit
  Wasserfarben oder Kreiden aus.

So geht es auch!

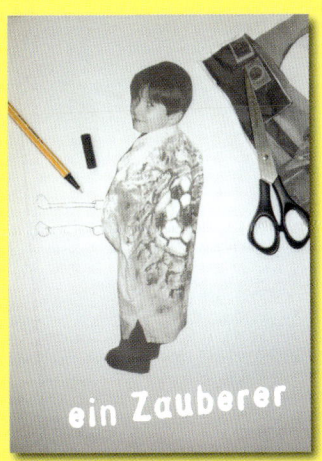

ein Zauberer

1   2

Techniken

Acrylmalerei: S. 18, 28, 35, 48, 53

Die Acrylfarben oder Deckfarben in Tuben oder Näpfchen werden ohne Verwendung von Wasser mit Borstenpinseln oder Spachteln aufgetragen. Sie können auf dem Maluntergrund gemischt werden.

Natur-Kunst: S. 15

Mit Naturmaterialien werden Muster und Formen wie eckig/rund, negativ/positiv gelegt oder nach Größe und Farben sortiert.

Aquarell: S. 14, 21, 38

Die Wasserfarben (Schulmalkästen oder Aquarellfarben) werden nass in nass verwendet oder in zarten Schichten übereinandergemalt bzw. gewischt.

Pastellzeichnung: S. 46

Mit den Pastellkreiden wird auf teilweise verwischten Untergründen gezeichnet. Sie können auch für Mischtechniken verwendet werden. Siehe S. 24 und 38.

Collage: S. 43, 52

Bei einer Collage werden verschiedene farbige Schnipsel oder Materialien aufgeklebt, bis etwas völlig Neues entsteht.

Schminken: S. 8

Mit Faschingsschminke werden Gesichter passend zum Thema gestaltet.

Colorierte Zeichnung: S. 9

Eine schwarz-weiße Zeichnung wird mit Deck- oder Wasserfarben ausgemalt.

Tupftechnik: S. 32

Die Vorzeichnung wird mit Wattestäbchen und Deckfarben bunt ausgetupft.

Fotoübermalung: S. 12, 60

Das kopierte Foto wird aufgeklebt, mit Linien ergänzt und mit Wasserfarben oder Kreiden übermalt.

Wachsübermalung: S. 42, 64

Eine Zeichnung mit schwarzem Wachsmalstift wird mit weißen und farbigen Wachskreiden teilweise überarbeitet und mit Wasserfarben vollendet.

Knittertechnik: S. 24

Das Papier wird grob geknittert und seitlich mit Acrylspraydosen besprüht. Danach kann mit Pastellkreiden weitergezeichnet werden.

Zufallstechnik mit Folie: S. 56

Glanzpapier wird nass gemacht, mit Wasserfarben eingefärbt und mit durchsichtiger Haushaltsfolie bespannt. Durch die zwei glatten Oberflächen entstehen reizvolle Strukturen, die nach dem Trocknen des Papiers weiterbearbeitet werden können.

Diese Künstler werden im Buch vorgestellt:

Sandro Botticelli (1445 bis 1510)
Pieter Bruegel d. Ä. (etwa 1525 bis 1569)
Paul Cézanne (1839 bis 1906)
Albrecht Dürer (1471 bis 1528)
Caspar David Friedrich (1774 bis 1840)
Wassily Kandinsky (1866 bis 1944)
Claude Monet (1840 bis 1926)
Gabriele Münter (1877 bis 1962)
Vincent van Gogh (1853 bis 1890)
Ernst Ludwig Kirchner (1880 bis 1938)
Paul Klee (1879 bis 1940)
Pablo Picasso (1881 bis 1973)
George Seurat (1859 bis 1891)

Die Kinderarbeiten stammen von:

Paulina Bibow, Nele Brand, Beverly Brocke,
Clara Cordier, Maxi Graser, Kilian Jähnig,
Leo Kauschke, Luna Kauschke, Bartholomäus Kunz,
Mia Kunz, Thaddäus Kunz, Jakob Lehmann,
Frida von Ochsenstein, Arthur Ohnsorge,
Jan Patvakanyan, Jonas Poser, Mina Reich,
Ananda Sallat, Bruno Schneider, Josefine Schneider,
Julie Schmidt, Johanna Seumel, Lea Tobiatschek,
Katharina Wege, Wilhelm Wege, Hannah Wheatley,
William Wheatley, Zora Wiemer, Moritz Wolf,
Kita „Kinderwichtel" Leipzig,
Malkurs Grundschule Krostitz
mit Unterstützung von Sylva Naundorf

Hier alle **Farbkontraste**, die helfen, Farben zu verstehen und Bilder spannend zu machen. Einige davon sind auch im Buch beschrieben. Finde sie!

Komplementär-Kontrast

Farbe-an-sich-Kontrast

Hell-Dunkel-Kontrast

Kalt-Warm-Kontrast

Simultan-Kontrast

Qualitäts-Kontrast

Quantitäts-Kontrast

Die Autorin Christine Richter ist Diplomgrafikerin
und arbeitet als Kunstpädagogin deutschlandweit
in Fortbildungen für Erzieher/innen oder Firmen.
In Leipzig bietet sie Kurse für Kinder, Jugendliche
und Erwachsene in ihrer Kunstschule an.
Von ihr erschienen bei Arena in der Reihe
„KUNST. Das kannst du auch" drei Bände.

www.kunstschule-richter.de

Bildnachweis

Der Verlag dankt den folgenden Organisationen
für die Genehmigung zum Abdruck ihres
Bildmaterials (Gemälde):
AKG-images: 10, 11, 23, 40/41, 45
AKG-images/Erich Lessing: S. 6/7, 8, 50/51
AKG-images/Lauren Lecat: S. 17
AKG-images/VG Bild-Kunst/Maurice Babey: S. 26
AKG-images/The National Gallery, London: S. 30/31
AKG-images/© Pablo Picasso/DACS und
©VG Bild-Kunst: S. 59
Artothek/©Blauel/Gnamm/VG Bild-Kunst: S. 27
Artothek: S. 54/55
Stiftung Rosengart, Luzern: S. 37

Alle übrigen Fotos: Christine Richter,
außer S. 5: Marion Wenzel

MIX
Papier aus verantwor-
tungsvollen Quellen
FSC® C110508

FSC
www.fsc.org

Impressum

1. Auflage 2014
© Arena Verlag GmbH, Würzburg 2014
Alle Rechte vorbehalten
Konzept, Text, Fotos und Gestaltungsidee: Christine Richter
Gestaltung, Typografie, Layout und Satz: Gabine Heinze/TOUMAart
Westermann Druck Zwickau GmbH
ISBN 978-3-401-70340-4

www.arena-verlag.de